남경숙 세번째 시집

벽 너머로 그리운 이 있어

*본 도서는 한국예술인복지재단의 2024년도 창작준비금 지원을 받았습니다.

가슴에 내리는 시 147

벽 너머로 그리운 이 있어

지은이 남경숙
펴낸이 최명자

펴낸곳 책펴냄열린시
주소 (48932)부산광역시 중구 동광길 11, 203호
전화 010-4212-3648
출판등록번호 제1999-000002호
출판등록일 1991년 2월 4일

인쇄일 2024년 12월 2일
발행일 2024년 12월 5일

ⓒ남경숙, 2024. Busan Korea
값 12,000원

ISBN 979-11-989537-2-8 03810

• 저자와 협의하여 인지를 붙이지 않습니다.
• 잘 못된 책은 바꿔 드립니다.
• 이 책의 내용 중 일부 또는 전부를 저자 및 출판사의 동의없이 사용하지 못합니다.

■ 자서

바닷가 창 많은 집에 비가 내린다
'시간에 기대어'라는 가곡을
트랜지스터와 오디오 기기를 동시에 듣는
나만의 감상법에 젖어
'같은 강물에 두 번 발을 담글 수 없다'는
헤라클레이트의 말처럼
다시는 돌아오지 않을 이 순간을 즐긴다

가을이 이렇게 흘러 어느덧 겨울에 와 있다
시간에 기대어 주어진 이 순간을 여기에서…

2024년 겨울 초입
오륙도에서 佳林 남경숙

목차…4
지서…3

제 1 부

팔색조…11
코끝으로 먹는 멸치볶음…12
달아오른 순두부…14
빗소리는 넋두리를 씻고…15
오늘 밤 저희 집에 오실래요…16
화음밥…17
눈맞춤…18
수국에 취하다…19
누가 회전목마를 돌렸나…20
오륙도 파도…22
팀파니의 피날레…23
젖은 목요일에…24
내일 날씨 맑음…25
출구…26
포진 사라지다…28
봄, 이기대 바람…30
요술쟁이 오륙도…31

연꽃이 되리…32

제 2 부

아직은 바닥…35
굽은 다리…36
아직도 이쁜가요…38
몸짓언어…39
날개 달린 시 한편 쓰고 싶다…40
하얀 거짓말…41
검지와의 숨바꼭질…42
달려가 안고 싶은 가을…44
홍단풍…46
단맛 덕후…48
하나된…50
설핏, 한 생각…51
벽 너머로 그리운 이 있어…52
다시 하는 연애…54
밑진 거지…56

제 3 부

이제야 알겠네…59
천원이 먼저 구워지고 있다…60
너의 향기는 산을 흔들고…61
마음의 숨구멍…62
국화로 피어나다…63
가을 타는 여자랍니다…64
깍지 낀 삼형제…65
흔들리는 그 늦가을…66
훔치고 싶다…67…
셔터 정지 시키는 마을…68
흐르는대로…69
햇살 찌른 보랏빛 이야기…70
곰비임비…71
플라타나스로 오렴…72
고추 당초 맵다 해도…74
넌 누구니…75
그냥 꽃이었던 그곳으로…76
혼돈…77
나도 국화가 되고 싶다…78
나를 끌고 가는 그 무엇은…79

그저 웃지요…80

제 4 부

들썩이다…83
노을 속으로…84
밤 산책길…86
못난이와 똑순이…87
엄마 시인 만들기…88
설레임의 땅…90
또 하나의 플러스…92
물드는 여심…94
내 안에서 피는 꽃…96
눈물 한 방울…97
화담 숲에서는…98
동해남부선 철길…99
무섬마을 외나무다리…100
해맞이 공원에서…101
본래 나는…102
들뜬 가슴…103
비우기…104

가마솥 더위…105
함께 채우는…106
놀멍, 쉬멍, 먹으멍, 걸으멍…107
둘 아닌 혼자 즐기는 날…108
오늘이 그날이네요…110

● 해설/일상의 변주를 통한 현실 인식-강영환…112

제 *1* 부

팔색조

바람으로 흐르는 길
산그림자 어둠으로 눕는다

잡초처럼 성가신 흰머리카락
귀밑머리 감추어 본다

또렷한 흑발로 할까?
자연 갈색으로 물들일까?
돋보이는 보라톤은 어떨까?

팔색조 되어 본다
달도 뜨지 않는 밤
너는 카멜레온으로 오렴

코끝으로 먹는 멸치볶음

골드코스트 투명한 물살을 뚫었다

행여 들킬새라 가다가 상할세라
신발 코 끝에 밀어넣은 멸치볶음 한덩이
여남은 마리면 밥 한 공기 뚝딱이라는

코큰 그네들이 그맛을 알까
어미 잔꾀를 알아차릴까
눈시울 붉어지는 유학생 밥상을 알까

허리 고장으로 무료해진 날
가슴 적셔줄 집 앞 바닷가로 나간다
짝잃은 신발 한짝이 반짝인다
조약돌 주워 썰물에 띄우니
태평양 건너 보조개가 깊은 아이가 웃는다

물비늘에 멸치떼 감돌 듯이

어제가 지나간다
넌 오늘도 멀리 있다

달아오른 순두부

산은 웃음처럼 푸르고
무지갯빛 여성들은
양산속에 터진다

"엄마 배 고파요" 칭얼대는 귀례
엄마가 된 회장의 웃음은
순두부에 색을 입힌다
열기로 퍼진 눈썰미들은
남으로 남으로 달린다

햇살을 뚫고
오늘치 함성을 싣고
풀꽃 까치발로 나오는 길섶
땅끝을 향해

빗소리는 넋두리를 씻고

달구비 내리는 오후
쌀밥꽃도 속살까지 젖고
내 눈가도 여울진다
내리는 비가 적신만큼
홀로 계신 나이 풀어내는 엄마

뿌려지는 흰머리카락 이야기
얼마나 보고 싶었으면
그렇게 많은 밤을 태웠을까
끝이 없다 빗줄기처럼

새벽이 오고
잦아드는 빗소리에 눈을 감는다
엄마 품속은 따뜻하다
그때나 지금이나

오늘 밤 저희 집에 오실래요

살던 곳 아니라서 낯설었나
도포 정갈하게 입으시고
32층 높은 곳 처다보며
고맙다고 하고 총총걸음

받기에만 익숙했던 셋째 며느리
짧은 기간 용돈 드린 게 전부였는데
이씨 집안 식구로 맞이하는 신행 첫날
큰 상 차려 다독이며
칼 사서 신혼집으로 가라시던 눈빛
남문시장에서 서툴게 살림 장만한 우린
분명 해맞이 했을거야

잦은 이사에 길 몰라 못오시나
여직 기다림에 목마르네 오늘밤
꿈속에서 만나 큰절 드리고 싶다
뒷짐 진 하뭇한 웃음으로 오시려나

화음밥
―세계 합창대회 개막식에서

목소리가 모였다
"라트비아"를 검색하게 한 지구촌이 모였다
백명의 환영곡으로 무대는 꽉 차고
카운터테너가 무대 끝에서 고막을 높였다

백스코 오디트리움에서 하나로 된 화음은
우크라이나에서 울린 포성도
북극해 녹아내리는 얼음도

다 묻어버린 가을밤의 포만이다
색 다른 입술과 입술이 모여
객석은 무지개가 뜨고
"아리랑"은 환하게 메아리 친다

이러면 될 것을
이렇게 손 잡으면 될 것을
화음밥 함께 먹으면 될 것을

눈맞춤

눈동자에 넣은 매그네틱 춤
눈 맞춘 발걸음이
동작 고르며 하나 된다
웃음은 깊게 패인 주름 다리미
환절기 감기에 편치 않은 나들이지만
안 아픈 척이다

수학 숙제하는 윤하 옆
시집 한 권을 들고 동무되고
볼펜 미끄러짐을 따르지 못하는 느린 걸음
고개드니 사각대는 모범답안
네 눈동자에 비친 내가 웃고
내 눈동자에 비친 네가 웃는다
말끔히 닦인 거울 같은
웃음볼 터진다

수국에 취하다

장마가 오기 전에
흰구름 피어 오르는 가원*에서는
가위 바위 보로 안부를 묻는다
첫사랑 설렘보다 더 붉은 여등
취하는 사이 혼자다
신이 난 머리카락은 보이지 않는다
카멜레온으로 변한 수국이 된 너

나비 한 쌍이 날아든다
숨바꼭질은 하무뭇 끝이 나고
백운포 앞바다 짙푸른 수평선은 멀거니 새끼 손가락 건다
장마 오기전 또 만나자고

지금 너의 색깔은?

*백운포에 있는 숯불고기집

누가 회전목마를 돌렸나

시계 가는 길
따라가는 아침나절
맛사지 가게 전화가 흔든다
합창 연습으로 지친 걸음 내려놓은 날
가불한 속눈썹 닿음의 시새움인가
까만 약속
이런 날은 비가 와서 일거야

이수인의 '별'을 노래하며
하얀 말이 지구를 돌고 있다
별을 쫓아 하늘을 난다
낮꿈은 이십여 분이다

초파리도 웅성거리며 돈다
간지게 매달려 운동 중이란다
내리고 싶을 때까지

누가 회전목마를 돌렸나
낮달이 멀미하며 웃는다

오륙도 파도

지휘봉을 든 등대섬
여섯이 목소리 화음을 이룬다

채찍질로 잠들지 못하는 밤
토해내는 높은음자리표는 일출에 안겨온다
낚싯꾼도 찾지 않는 새벽
가마우치 가족 날개를 편다

아침 햇살에 신명난 지휘자
방패, 솔, 수리, 송곳, 굴로 파트 나눠
밤새 연습한 악보를 토해 내고
밀려가는 자갈은 허밍으로 음 고른다

저 멀리 조도까지 노래를 전한다

팀파니의 피날레

감당 못할 더위를 거실까지 들인 말복
삼각 속옷이 부러졌다
볼펜을 다 썼을때 오는 날개다

다투던 히비스커스 큰 꽃잎이 가고난 해맞이 공원
해풍에 춤추는 초록잎이 자리를 지킨다
이제
연꽃은 끝물이고

다 어디로 갔을까
수선화는 새끼손가락 걸고 떠났지만
다 쓴 펜은 좋은 풍경 남겼을까

백스무 살 식탁 차리며
찢어진 속옷 향해
운명교향곡 4악장이 갈채 날린다
팀파니의 피날레로

젖은 목요일에

밤을 새운 '청춘을 불사르고'*에
이끌려 간 수덕사
유월 햇살로 일주문을 열고
땀으로 금강문을 닫는다
찰나가 스쳐가는 길
견성암을 콧 속 깊이 들이킨다

환희대 느티나무 그늘 원두막에 앉아
혼마저 합치고픈 사랑노래에 젖는다

비오는 드라마, 눈 내리는 영화다
속세에 두고 온 님에 한참을 빠졌다 일어서니
물든 외잎사귀 발앞에 떨어진다
밟고 갈 수도 주울 수도 없어
몇 번이나 돌아보며 느린 걸음 옮긴다
바람이 달다
*일엽스님의 산문집

내일 날씨 맑음

사유원*에서 아름다운 건축물에 묻혀 사색에 젖을까
발리정원* 밥 먹을까
결정은 돌아 선암사 거처 어린이대공원 둘레길 능이백숙으로 간다

머릿수 많으니 길도 여럿
약속 잡다가 삐지기도 하고
오랜 친목 간데 없고 그은 나이테만큼 고집이다

입으로는 좋을대로 하자 하고
눈빛은 따로 논다
그치만 오래 골내지 않아
만나면 얼싸안는 반가운 동무
내일 날씨는 맑음

*사유원: 경북 군위군에 있는 수목원
*발리정원: 울산 한정식맛집

출구

구멍 속으로 빠진다
바닥 없는 속으로 들어간다
세모 네모 깊고 얕은
자장암 금개구리 집처럼 깊은
구멍 속으로

마음 가는대로 따라가니 자꾸 커진다
동굴이 된다
모양도 색깔도 없다
가다보니 없어지는 구멍도 있다
온힘을 다해
깊이를 되짚어 본다
곧 경칩이다
오늘도 깊이빠진 나를 건져 올려
적막 속에서 시공을 넘나든다

길모퉁이 붕어빵이

방금 건져 올려지고 있다
12개 출구가 입을 벌린다

배가 고프다

포진 사라지다

고통울림 내려앉은 거실 한 켠
한다발 장미가 주는 위로
눈도 맞춰보고
코도 맞춰보고
입술로 갈마드는

익숙해질 때쯤 고쳐 앉은 꼴
한다발로 와서
모양새 갖춘 큰 꽃병으로
이내 작은 컵꽂이로

힘껏 안아주고
흔적없이 멀리 떠나는
널 따르리

살점 찌르는 수포도
밤잠 설침도

그믐 앞둔 밝은 날 쪽배 사라지듯
찰라로 멀리가길

봄, 이기대 바람

살 터지는 봄 맞으러
솔숲 굽은길을 택했더니
제 길인양 시샘하며 달아나는 바람
잔바람 거두어 뒤따르니
낮은 풀들도 앞다툰다
가쁜숨에 오른 헬기장
갈무리 해둔 바람이 요긴하다
종일 쫑알대는 친구 사이라나

이기대는 바람이 많다
매무새 여미지 않으면 속살까지 넘본다
파도를 건져 올려
바람을 불러 올려 고개드니
물살 가르며 달리는 유람선
타이타닉 장면을 흉내내는 젊은 연인들을
이기대 바람이 샘한다
언덕 아래 수선화도 물끄러미 따른다

요술쟁이 오륙도

날라 간다 섬이
다섯 여섯을 덮었다 날렸다
행선지 물으니 따라오지 말란다

안개 낀 몽환을
해풍 낀 난동를 신기한 듯 지켜보니
그래 넌 변했어 요술쟁이로 변했어

방패, 솔, 수리, 송곳, 굴, 등대
다섯 여섯이 앉아
요술 부릴때마다 흔들리는 해맞이공원

억새풀 어깨건 이곳
바람은 머리 풀고
짙은 해무에 젖은 나는
한유하며 물들어 간다

연꽃이 되리

미세먼지로 낯가림한 버스정류장 가는 길
거리는 궤적으로 흔들린다
벚꽃 밀어낸 영산홍이 오늘따라 색짙다

부전시장통을 걷는다
화분에 앉은 금잔화 너는 나다
주는 물 잘 받아 먹고 잠시만 피자며 다독인다
온갖 외침 볼멘소리는 바람을 가르며 날아간다
따순 손이 전해준 꽃편지
새벽이 되면 눈 터지는 연꽃이 되리

제 2 부

아직은 바닥

이월 중순인데
어쩌자고 눈이 웃음이니
내일은 영하라던데
무턱대고 빛구경 나오면 어쩔꺼니
놀란 눈빛 봤지
멀리 있는 수선화에게 초대장도 쓰지 않았고
커피도 뜨겁지 않고
빵은 덜 구워졌잖아

비가 오려나보다
빗물 올려 키 크고
함께 봄맞이 하자
달팽이 걸음 힘겹구나
난 그동안 초대장 여럿 써서
산동네 물동네 알릴 거야
해맞이 공원에 수선화가 피었다고
처음인 듯

굽은 다리

발목까지 오는 긴 치마나 통바지를 늘 입는다 희영은
어르신 카드를 쓸 때나 지하도를 오르내릴 때는
엘리베이터에 몸을 담아야 한다

다리가 굽어지면서 부터다

태백산 상고대 투명한 빛살도
백록담 등반 막히는 숨결도
바람에 얼마나 떨었는지도
한 됫박 흘린 땀도
그녀 앞에서 입을 뗄 수가 없다

방금 이발한 남친과 올레길도 걷고 싶고
템즈 강변에서 손잡는 설레임도
산티아고 순례길을 꿈꾸던 것도
길을 다 품으려고 한

그녀 허공은 말없이 젖는다

다리가 아프고부터는

아직도 이쁜가요

천왕봉 너머 계신가요
뭉개구름으로 와 계신가요
크게 크게 더 크게 부르면
보고픈 얼굴에 닿을까요

고사리 손잡고 극장 가던 그때로
하루만 내곁에 와 주세요
첫째딸 아직도 이쁜가요

잊기도 했어요
그리워하기도 했어요
저기 산봉우리 구름이 당신의 옷자락인가요
하늘 맞닿은 천왕봉 위
당신이 계심을 왜 몰랐을까요

몸짓언어

퇴근시간 버스 안
누구는 손전화로
더러는 하루해 보낸 얘기로 떠들썩하다
혼자 앉은 중년은 눈감아 침묵이고
운전기사는 조용히 하라 핀잔이다

앞에 앉은 아가씨는 지음과 손가락 표정으로 바쁘다
같은 분주함인데 온도차이는 크다

은행나무가 지나간다
먼저 내린 친구가 손을 흔든다
나도 따라 브이로 답한다
몸짓 말로 통한 친근함이다

부처님이 연꽃을 들어 보였을 때
가섭이 미소를 지었듯이
더께진 눈웃음이 따라간다

날개 달린 시 한편 쓰고 싶다

사각이는 소리가 그냥 좋다
여고생의 단발머리가 이참에 내게로 왔다
이쁜 무늬의 가벼운 연필이다
오사카로 시집간 친구언니가 아득한 날에 준
아까워 깍지도 쓰지도 못하고 필통에 간직만 했던
연필의 사각거림을 오늘 꺼낸다
그 질감으로 목이 마른 글을 쓴다
손벨까 조심스런 칼이 아니라 무당벌레 연필깍기로 돌려 깍아
책상위 식탁위 탁자위 손 닿는 곳에 둔다
작가의 꿈을 꾸던 그때로 돌아가

언제쯤이면 날개 달린 시 한편이 친구에게 전해질까
이쁜아
잘있니

하얀 거짓말

밥 한번 먹자
기다려도 밥은 무소식

언제 밥 한번 먹자
키가 큰 밥은 마구 흔들린다

다시 밥 한번 먹자

파랑새는 더 이상 날지 않는다

너는 누구며
나는 누구니
그리고 밥은?

검지와의 숨바꼭질

그 여인은
한밤중에도 검은 상자에서 걸어 나와
검지 하나를 빌리잔다
마음 먹은대로
갖고 싶은 것 다 줄 태세다
나부죽한 그릇도 꽃무늬 원피스도

그녀에게 끌려가다
행보는 태엽을 늦춘다
덜 익은 열매는 가려 먹어야

그녀는
유월 땡볕에도 입꼬리를 올려준다
외출에 날개를 달아주고
무더위에 땀 한 방울 흘리지 않고
하뭇한 웃음으로 나를 끌어간다

눈앞의 빛에 취하다가
욕심 많은 개* 를 떠올리고
검지의 가는 길을 멈춘다

*이솝 우화

달려가 안고 싶은 가을

상하이로 가던 플라산*이
비를 한아름 안고 주춤거리던 가을을 데려다 준다는 기별에
학이 된다

공연 앞둔 중창 연습도 미루고
초저녁 걷기 운동도 걸렀지만
아직은 억울함만 안기고
여름내 흘린 땀보다 적게 내린다

저녁으로 먹은 햇밤과 고구마가 달다
여름은 끄트머리를 자르지 않아도 사과는 여문다

밀어낼 여름
낡인 가을

툭툭 터지는 석류알도

나무 끝에 매달린 홍시도
쉼 없이 달려 올 햇살을 두 손 벌려 맞으리

맘껏 피우고 싶은 달디단
바람이여, 오라

* 2024년 14호 태풍

홍단풍

등성이 너머 오는 오솔길

넌 어디서 왔니
응 난
갈참나무에서 추위 피하려 왔어
너는 누구니
바스락대는 소리가 궁금하여 산너머에서 쓸려 온 홍단풍이야
이름 낯설지?

어디서 왔건
피부색이 다르고
얼굴 생김이 각각이어도
함께 있으니 동무야 우리는

가지 끝에 매달려 흔들리지 않아도
떠난자리 빈터로 남아도 좋은

툇검불이 이불되어 주는 곳
또 어떤 친구들이 올까

단맛 덕후

빨간 파프리카로 염색을 하고
배 사과 양파로 단맛을 더하면
궁과할 입술을 찾아 두리번

스테이크를 자를 때도 국수말이에도 으뜸이다
서투른 자취생일 때부터 전공으로 이어진 손맛은
양배추 물김치에 혀를 담는다

기분이 좋을 때나 마음이 심란할 때는 재래시장을 찾는다
싱싱하다고 지갑 열고
제철이라 몸에 좋다고 손에 넣고
낯선 먹거리에 눈을 새긴다

서너시간 조리대 앞에 있어도
아픈 허리는 역정이 없다

사진에 담고 싶은 겉욕심을 부려본다
내 입맛은 대장금이다

하나된
—이승철 콘서트에서

어둠을 무너뜨리는 록밴드
호모사피언스의 놀라운 광기
또 다른 자신을 끄집어내는

끊어질 듯 이어지는 호흡
숨 죽여 하나된
수백명 조건없는 입술

처음부터 약간은 벗어나 있었다
그래야만 하는 자리인게다
반백 넘긴 생명체들의 카타르시스
다소 버거운 항해

설핏, 한 생각

대청강 출렁다리 아래
잽싼 물고기들 사이
두고 온 그대가 웃고 있다

나래 달고 떠나온 여행길
먼 길 떠나와 봐도
그 속이네

눈앞
뾰족한 지붕 위로 새끼손가락 건다
수일내 함께 오자고

한참 멀리서 그대도 내 속에서 노는가

벽 너머로 그리운 이 있어

벽 하나를 사이에 두고도 그립다
기침 소리가 갸륵하고 카톡 소리에도 쫑긋 귀
불쑥 문 열고 나올 것만 같은

날 보러 나오지 않는다
다른 성격 만큼이나 거리가 있다
폰으로 통화하고 문자로 숨 고르고
목소리 직접 듣고파 문틈으로 아쉬움 달래고

마주 보며 밥 먹고 싶다
손잡고 산책하고 싶다

이렇게 비까지 오는 날
맥주잔 부딪치며 두어 시간씩 듣던 음악은
언제까지 갈무리해야 하나
고작 하루가 지났는데 일주일을 어찌할거나

오늘 밤은 그대 숨소리 들리지 않는 방에서
얼마나 더 가슴앓이 해야만 하나
가슴이 파닥인다
꿈속에서 연리목이 되리

다시 하는 연애

빛바랜 누런 편지글 속의 주인공들이
반백의 길목에서
우산 나눠 쓰고
유채꽃 길을 걷는다

두근거림 설레는 마음 건져 올려
거칠어진 손 어색하게 잡고
느릿느릿 발걸음을 옮긴다
맞춰지지 않는 어제는 잠재워 두고

다시 설렌다 이내 익숙함에 젖는다

군대 간 머스마 기다리는 가시나는
매일 입 벌린 우체통을 쓰다듬었나 보다
목요일에만 오는 밑진 편지를 기다리면서
이쁜 공주와 늠름한 왕자가 되어
미사여구 건져 올려 꼼꼼히 채운 일기

그때의 약속대로 검은 머리 파뿌리 된
우산 속 두 사람
바짓가랑이 적시는 봄비도 성가시지 않다
상자 속에서 꿈틀대던 그때의 밀어들이
잘 정돈된 파일 속에서 빛난다

밑진 거지

십 년 젊어진 옷 골라주고
사천원 짜리
잔치국수 얻어 먹었다

뜨거운 국물 후후 불어가며
맛있게 먹었는데
잠자리에서 배고픈 걸 보니 억울해진다

제 3 부

이제야 알겠네

안약을 넣고 서재로 들어가는 그이의 뒷모습
살아 온 지난 날들이 숨쉰다

바라보는 마음에도
흔들리는 물결이 만념으로 온다

살아야 할 이유를 찾는
무채색의 나날들

한소쿠리에 담아 같은 방향 걸으며
내가 옳고 네가 그르다는 분별만 다스리면
더 이상 욕심내지 말아야 한다는 걸
이제야 알겠네

천원이 먼저 구워지고 있다

세모의 종소리가 애처롭게 우는 날
머리부터 먹을까
꼬리부터 먹을까
가위 바위 보가 추위를 즐긴다

삭풍은 옷깃을 여미고
주인장이 바뀐 붕어빵은
타고 눌러 붙고
갈수록 태산인 할머니 손놀림은
천원을 먼저 구워내고 있다

머리부터 먹을까
꼬리부터 먹을까
더이상 추위를 이겨내지 못하는
섣부른 붕어빵
답답해진 바람이 먼저
천원을 낚아 챈다

너의 향기는 산을 흔들고

너였구나
너였구나
너였었구나

물 묻은 손 털고 나갔더니
어여삐 봐 달라고
놀아 달라고
쓰다듬어 달라고

걸음만 잠시 멈추고 그냥 가면 안되겠니
간절한 눈빛 때문인지 탐하는 마음인지
엄청난 일이 일어나고 말았다

거실엔 너의 향기로 가득했다는

마음의 숨구멍

칠월 장마가 절절히 운다
어린 꼬마가 영화관에서 두 볼 적신다
고사리손 잡아 주던 그분의 그렁한 눈빛

기일 지난 지 며칠
잊고 있었구나 그 따스한 손길을

제목도 기억 못하는 눈물범벅 된 영화
함께 본 몇 편의 영화 중
그분 눈물 어린 미소만 생각난다

오늘 밤엔 희극으로 한 편 준비해야겠다
꿈속에서라도 아버지와 한바탕 웃고 싶다

국화로 피어나다

푹 눌러 쓴 모자 날아가지 않을 만큼
꼭 그 만큼한 바람에
갓 피운 내음 온몸으로 막는 누님 닮은 꽃

내리쬐는 갈볕에는 노랑으로 반사되고
오륙도 거센 파도엔 하얗게 부서지고
할 일 없는 낮달의 외로움엔 연보랏빛으로 동행하는

풀더미 속 비집고 속살 감춘 누님 꽃이여
못내 잊혀지질 않을 가늘한 내음으로
시월을 나눈다

갈바람이 심술을 부려도

가을 타는 여자랍니다

낙엽이 하나둘 떨어진다
고유 명사가 하나둘 사라진다
만물은 지금을 살고 있는데
감정의 유희를 즐기다 우울에 방점을 찍고 말았다
살날 갉아먹은

낮은 첼로 선율에 젖어
구렁의 바닥까지 가 본다
안주할 곳이 있을지도 모를

가을이 성큼 달리기 한다
누가 저만치 오는 찬바람을 막을 수 있는가
창문 꼭 닫아도 겨울은 오고 마는것을
같은 강물에 두 번 발을 담글 수 없는 것처럼

깍지 낀 삼형제

손 하나 까딱이지 않고
산고의 고통도 없이 태어났다

후려치는 길고 긴 밤을 안고 잔 날
다섯 여섯 옆으로 배가 지나간다
원치 않게 고아가 된 테트라포트는
손 흔들다 말고
작달비에 세수한 말간 얼굴로 간밤 일이 궁금하다

못난이 삼형제만 덩그러니 남기고 간 힘난노
시치미 뚝 떼고 사라진

애꿎은 햇살만 퍼 붙는 하늘의 천연덕스러움에
오륙도는 잔밉다

흔들리는 그 늦가을

바스락
무게 중심에 놀라 고개 드니
누가 그린 수채화일까

발길 비켜 간 곳
청설모 다녀간 우듬지
구겨진 갈색 사연 하나 툭

저마다 형형색색 덧댐에
짙게 우린 보리차 잔에 따르니
마시기도 전 늦가을이구나

그 늦가을이구나

훔치고 싶다

이른 아침
와이퍼 바삐 움직여
바닷가에서 또 다른 바닷가로 달린다

함께 젖으며 첨벙 빠지고 싶은
해무 낀 잔치 마당으로

서핑보드가 출렁인다
검정 슈트의 과감함에
우산 속 흰머리는 낯설다

젊음을 훔칠 수만 있다면
함께 엮이어
한바탕 일렁이고 싶다
근처 죽도의 접시꽃이 저절로 춤추듯이

셔터 정지 시키는 마을

집은 비록 작고 보잘 것 없지만
드넓은 바다를 맘껏 들여놓고
축대 너머 배가 놀러 와 주는 곳
옹기종기 화분엔 소우주를 담은 상추 깻잎이
햇살 아래 배부르다

바람이 분다
단장의 바람 또한 분주하다
쉬고 싶은 카페가 뚝딱 생겨나고
들어가 보아야 알 수 있는 손목서가, 녹색 광선에서는
팔려나가고 싶지 않은 책과
팔고 싶지 않은 듯 하품하는 주인장이 있다

방금 된장국 먹고 나온 할머니들의 평상에
해즐럿향이 지나간다
졸고 있는 고양이 옆을
호기심의 셔터가 구불거리는 골목을 정지 시킨다

흐르는대로

뚜벅뚜벅 나이테는 어디로 가는걸까
앞장 서 이끄니 볼멘 소리 미운 얼굴
이대로 말 잘 듣다간
한숨 소리 장대비

뒤뚱뒤뚱 오리 걸음 가는 길 어딜까
가로등 젖어드는 한밤중 메아리
오늘도 억지 안 통해
해 달 흘러 보내길 여럿

산 그림자 쫓은 하루 서산해 목 맨 울음
차오르는 해 기다리며
물결따라 흐르리

햇살 찌른 보랏빛 이야기

보이는 것 모두 두 팔로 안으니
주인공이 되어버린

어떤 이는 옷장 뒤져 보라 성장을 하고
패션의 완성이라며 보라양말로 뽐내기도 하는 곳
보라 스카프 날리며
그 속으로 빠져든 나도 한 몫

심심한 반월섬에 색을 입혔다
먼 길 달려 여기 서 있음은

참신한 아이디어에 박수 보낸다
스토리텔링은 각자 몫
덧칠 또한

보랏빛으로 물들어
햇살 찌른 보랏빛 얘기가 가슴을 찌른다

곰비임비

무슨 일이 일어났는가 그곳에서는

수평선 닿은 청보리밭
보고만 있을 수 없는 일렁임
너도 쓰러지고 나도 쓰러지고 다 함께 쓰러지니
그 또한

초록 엽록소 흠뻑 젖던
그 속에 빠져
너도 빠지고 나도 빠지고 모두가 빠진다
그대로

가파도 그곳에는
흩날리고 흩날려 모두가 그렇게 흩날려
파랑새가 한 마리도 없대요

플라타나스로 오렴

견딤의 크기는 얼마만 할까
크면 큰대로 작으면 작은대로 담을 수 있는
그릇의 크기는

볕이 좋아 내딛는 걸음에도 따라다니고
책을 보거나 조리대에 서 있을 때도
풀리지 않는 수수께끼로 뒤엉켜 온다

묻고
답하고

저녁 어스름이 저만치 내려 앉는다
다 견디는 거라고
약물로 씻은 대장의 배설물처럼 옅어진다고

비우고 또 비우고
견디고 견디다 보면

밤은 오고야 만다
내일 몫은 내일의 것
내일은 오는 것이 아니라 만들어 내는 것

아름다움의 크기로 쑥 자라있을
나의 플라타나스로 오렴

*플라타나스 : 수세가 강하고 이식이 잘 되는 나무

고추 당초 맵다 해도

시집올 때 따라온 반짓고리
얼마나 살아야 저 실꾸러미 다 쓸까
세월이 얼마나 더해져야 바늘은 다 닳을까
드문드문 손길 닿는 외로움에 잊혀질까 애달파라

툭 떨어진 단추 한 개
바늘귀 어렵사리 꿰어 한세월 묻는다
넌 다 아니
할 일 못하고 산 세월을
하고픈 것 다 못하고 산 지난날을

귀머거리 삼 년
장님 삼 년
벙어리 삼 년은 아니어도
엄마라서 참고
가정평화 위해 견딤을

넌 누구니

낯선 여자가 동행하잔다
쭉 함께했다는데
누구지?

주름진 거치른 얼굴에 애써 감춘 흰머리
자세히 보니 익숙하다

이제부터 눈도 맞추고
조곤조곤 함께 가잔다
거절 못하는 성격이라 그러고마는 했지만
함께 가고 싶지 않다
저만치 밀어내고 싶다

이심 추스리고 보니
넌 나의 애틋한 친구
하나로 살아야 할
너는 나다

그냥 꽃이었던 그곳으로

숨 몰아 올라오니
보랏빛 종소리를 단 꽃구름
빛나던 그날로 오네

그늘에 앉는다
톡 쏘는 콜라도
긴 생머리 친구들도 없는 홀로의 시간
장자산 정상 헬기장에 나타난 엉뚱의 향기

축제로 물든 오월이
꿈 안은 그곳이 아지랑이로 젖는다

매달린 연보라의 등나무꽃 그늘은
지금도 설렘이다

어떤 색깔로 오늘을 보내고 있니
웃음 예쁜 친구들아

혼돈

내 만나는 어떤 일이
들입다 흔들지라도
널려 있는 모든 그 어떤 흥분이
뿌리째 어지럽힐지라도
지금 우리를
여기에서 저기로
3차원에서 4차원으로 이동시킬지라도
혹여 태초의 빅뱅 이전으로 돌려놓을지라도
내 호흡이 들숨 날숨으로 돌아오면

천체의 중심에 선 나를 만난다
우주의 전부인 양

나도 국화가 되고 싶다

소담스레 피어난 각양각색의 굳은 절개
그 향기 짙음에 취해
나도 국화가 되고 싶다

고고한 매무새에 발걸음은 느려지고
심호흡으로 여백 담으니
코끝은 향기로 터질듯한
그런 국화가 되고 싶다

모양 색깔도 다양하게
벌과 나비 떼지어 와서 노는
흔들림으로 유혹하는
그런 국화이고 싶다

다소곳 바라보고 나긋이 웃는
그런
그런 국화이고 싶다

나를 끌고 가는 그 무엇은

취미를 즐기는 사람은 심심하지 않다
언제건 그 속에 빠지면 되니깐

할 일이 있는 사람은 외롭지 않다
그 속에 묻히면 틈새가 보이지 않는다

저녁때 마주 앉을 누군가가 있다는 건

힘들 때 할 일이 있다는 건

외로울 때 만날 사람이 있다는 건

이렇게 어울더울 발끝걸음이
따스한 감성의 어스름 빛인 것을
나의 것인 것을

그저 웃지요

꽃이 피고
꽃이 지고

흔들릴 것 같지 않던 우주가
휘몰이 바람에 맨몸이다
끊임없이 일어나는 파열음
틈 비집고 나온 한 구간
슬픈 자화상에 침몰한다
풀리지 않는 실타래

시간의 흐름은 알아차림이다
그건 내 안에서만 부는 바람이다

제 4 부

들썩이다

큰 옷방 문 열고
입을 게 하나도 없다고 투덜투덜

대형 냉장고 문 활짝 열고
먹을 게 없다고 날름대는 혀

외출 못한 셔츠 하품 소리도
삼 년 묵은 장아찌 짠내도
낮은 소리로 섞여 구성진 가락을 연주한다

노을 속으로

마이애미 비치보다
오끼나와 블루 코발트보다
다대포는 더 멀리 있다
부산 생활 삼십 년 하고도 여러 해
이제야 품에 안는다

긴 해변 넓은 모래밭
발맞춰 걷는 몰운대에선 맞잡은 손이 붉다

신비에 젖은 가슴을 석양이 끌고 간다
일몰은 결코 슬픈 색깔이 아니다
하늘을 나는 새가 내일을 걱정하지 않듯

취해
아름답게 취해
흔들리는 억새의 화음 속에
물든 노을 속으로 빠져든다

내일은
오륙도 힘찬 일출의 몫이다

밤 산책길

흔들림 없는 찌
긴 기다림 속의 입질을 끌어 올려
저녁 산책객을 모으는 익숙한 손놀림
허락된 셔터 누름은
투박한 나무 도마에 꽂힌다
한 점 한 점 살점은 잘려 알록달록 접시에 쌓이고
목마른 침 삼킴에
정 많은 인심은 주위를 권한다
초고추장에 색을 입혀
배낭 깊숙이 꽂아둔 소주 한잔에
방금 넘어간 해만큼 붉은 볼

한 여름밤의 텁텁한 바람이 지나가고
태평양이 입안에서 꿈틀댄다
한순간 정이 오가고 얼큰함이 어깨동무할 즈음
어울림 맛에 취하고 여름밤에 취해
검은 바다가 힘차게 출렁인다

못난이와 똑순이

페이스북 열고 좋아요를 빚진듯이 누르고
카톡 친구에게 댓글 빼먹지 않는다
이런것 다 허함이어라

어제 뭐했는지 물어보기 전 까발리고
그의 얘기 건성으로 듣고
이런거 다 내 못남이어라

차 한잔
밥 한끼 하자는 말
하얀 거짓말이라는걸 아는 난 똑순이

벌레먹은 떡갈나무 잎사귀
내 어깨위를 툭 친다
너도 sns 중독이니?

엄마 시인 만들기

밥 먹었어
오늘 뭐했어
조금씩이라도 자꾸 걸어
음~
있잖아

매일 매일 똑 같은 질문과 대답

"사진 속 엄마 아빠"란 시 외웠어?
 한번 해봐"

"낡고 낡은 사진첩 나보다 더 작고 작은 꼬맹이…
음~ 뭐더라
어젯밤 다 외우고 잤는데 어디로 갔지"

엄마도 시 한번 써 볼래
야야 내가 어찌 시를 적노

엄마가 나와 한 말 그대로 적으면 시야
시 적기 어렵지 않네
내일은 내 시 읽어 줄게

설레임의 땅

미지의 세계로 오르는 헐떡임
설레임에 지체할 수 없는 호흡
높이 올라갈수록 꽃의 키는 낮아지고
원이화원의 금매화 군락엔 다시 보지 못할 것 같은
아쉬움과 비통함에 두주먹이 불끈 쥐어진다

내 나라 하늘 아래 제일 높은 곳
천지가 눈앞에 있다
두 팔 가득 가슴 가득 눈이 시리게 푸르게

하늘과 맞닿은 천지
우리 것을 남의 나라 땅에서 바라보는 애달픔
거대하고 수려한 이것은 분명 우리 것이다
짓푸른 물 또한 우리의 젖줄기
일 년에 이십여 일 쾌청하다는 천지가
가슴 터지게 가슴에 안긴다
긴 호흡으로 머문다

날아라 새들아 푸른 하늘을
달려라, 천지수야 남으로 남녘으로

또 하나의 플러스

또 찾았다
맛집 하나하나 찾는 재미가 쏠쏠하다

거처 옮긴 골목이 시들해 졌을때
자라 온 곳으로 옮겨 간 적이 있다

검색 맛집이 아닌
편하게 떠오르는 밥집이 없다는 건 황야다
단조무미하던 어느날
운동화 갈아 신고
들안길* 식당가를 이리 기웃 저리 기웃
마당에 차 많은집 골라
내부를 살피고 명함 한장씩 주머니에 넣는
소갈머리 없는 남자와 뒤따르는 여자의
불룩해진 주머니에 흐르는 미소

엉덩이 흔들며 간 그곳은 익숙한 맛이 아니다

그 후
해가 달이 되는 여러 날을 이기지 못하고 바람이 되어
짠내나는 철석이는 오륙도에
새 둥지를 틀었다

*들안길 – 대구 수성구의 식당가

물드는 여심

물든 내 맘 모르지
파도야 파도야 날 따라 오지마
널 헌신짝처럼 버린 갈바람에 신명 난 여자야 난

어젠
너 푸름을 가슴으로 안았지만
오늘 난
곱게 물들어 가는 단풍에 취할거야

신발 바삐 신고
발걸음은 빨갛게 물들이고
립스틱은 얼마나 더 붉어야 하니

가을엔 동행인이 없어도 외롭지 않아
한 발걸음에 물들어 가는 단풍 하나
저기엔 벌레 먹어 외면 당해 속상한 외톨이의 동무도 되어줘야 해

손때 묻은 책은 베낭 속에 도로 넣고
물든 마음이 흘러 가는 곳 따라 따라

내 안에서 피는 꽃

웅크린 대지가
천문산 자락 유채꽃에 일렁인다

어린 시절에는 그냥 꽃이었고
내가 꽃이었던 시절에는 처다만 보았다

불혹을 넘어 지천명에는
향기를 탐해서 파묻혀 보기도 했다
고희를 바라보는 지금
꽃은 하나의 새로운 세상이다

어떤 색인지
향은 어떤지 분별하는 동안
꽃은 늘 내 안에서 피고 있었음을
이제는 알겠네

눈물 한 방울

설거지 끝낸 주방
안개 낀 바다
혼자 마시는 커피

삐꺽해 불편해진 허리와
잔기침하는 감기도
다 어루만져 놓고
창가 익숙한 의자에 앉으니
손길 구하는 화분이
생기 잃고 쳐다보네

들숨
날숨
고요는 도요陶窯속으로 흐르고
생각은 소실점으로 빠져 든다

눈물 한 방울

화담 숲에서는

단풍 옷 갈아입은 이 숲속에서
들뜨지 않는 사람이 어디 있을까

오색빛 뽐내는 이 숲속에서
흰 이 드러내지 않는 이 어디 있을까

애기단풍에 취하고
피톤치드에 취한 걸음 하뭇하다

볕살 고운 연못
원앙 암수의 노랫소리와 별박이자나방의 사랑 나누는 소리에
슬그머니 손잡는 이 있어
단풍보다 더 붉어진 두 볼

동해남부선 철길

바람골 되어 울부짓는 동해남부선
포크레인이 크게 운다
휘이익 거드는 키 큰 소나무의 불협화음에
산모롱이도 몽돌바람에 씻기운다

덜컹덜컹 재잘재잘
졸업여행의 마지막 노선이었던 경주로 가는 기차여행길
함께했던 친구들도
이 기찻길도
귀울림만 남긴채 역사 속으로 가고 있다

영원의 차창 안에서 손 흔드는 어제와 내일
모든건 다 흘러가고
남아 있는건 아쉬움 뿐
보듬어 줄 가슴이 볕살에 어룽거린다

무섬마을 외나무다리

두터운 외투를 벗긴 살랑대는 봄바람에
무섬마을까지 왔다
날아간 철새는 소식 없고
외나무 다리의 뿌리는 물길에 아슬하다

육지 속 섬마을
새색시 꽃가마 두근거림이 어슴프레하고
봄볕에 탄 아이들의 웃음소리 모래밭에 뒹군다
어디선가 곰방대 문 허연수염의 할아버지
고택의 여유로움 한껏 부리며
시간여행의 긴 강변을 어슬렁거린다

기와집과 초가집이 어우러진
교복 입은 사장 내외가 맞아주는 내성천이 휘돌아 흐르는 곳
강 이쪽에서 저쪽으로
연화부수를 품안으로 안는다

해맞이 공원에서

수놓은 들국화 속살 보고파서
뒷짐진 산책길은 아니다
오늘은 모델이다
오륙도를 배경으로 웃어 보고
작은 눈 크게 더 이쁜척 여러번

노란색 블라우스는 소풍 나온 아낙 같지만
흰 쟈켓은 작가답다고 용기 주는 사진사
목적을 가지니 어색함에 치켜지는 입꼬리

멀찍이서 웃음짓는 다섯섬 봉우리에 손 흔든다
27번 버스 광고모델은 엄지척 하며 지나간다
햇살 좋은 해맞이공원의 한컷이다
기다려 온 꽃 하나가 피어나는 날을 향해

본래 나는

순수 그대로였다
그대가 흔들기 전 까지는

정해 준 목표대로
헉헉대며 가는게
보람인 줄 알았다

목표는 끝이 없이 이동을 해서
이제 몸이 더 이상 쫓아갈 수 없었을 때
무너졌었다
그때서야 그대가 거짓이었음을 알았다

이젠 더 이상 목표를 정하지 않는다
애쓰지 않아도 아무것도 일어나지 않는다

언제나 여기에 이렇게 있다
더께진채로

들뜬 가슴

여행가방이 운다
들떠있는 내 마음을 알기라도 하듯
천장의 소리가 신경을 곤두 세운다
아무리 둘러봐도 알 수 없다
윗층의 애긋은 믹서기가 중단되고
천정의 소리가 아니라 바닥의 소리라는걸 알기에는
여럿이 머리를 맞대였다

왜 울고 싶었을까
혼자서 발버둥치며 우는 전기면도기의 난동에
열개의 귀가 토끼귀가 됐던

어이없는 일로 한바탕 웃고는
면도를 하듯 말끔하게 발을 옮긴다

비우기

갈 곳 정하지 못해
현관 구석을 차지한 시집 올 때 가져 온 태극무늬 방석 두개
묵은정 끊지 못해 여러날

창고도 가득
사용치 않는 욕실도 가득
이런저런 이유로 구석진 곳은 늘 만원이다

냉장고에서 돌덩이 된 가래떡을 꺼낸다
언제 갈무리한지도 모르는 까만봉지도 여럿
태산을 옮기는 기분이 이런걸까

버리지 못하는 이맘저맘이
옷방 안에서 오래 머문다

가마솥 더위

수박바 한 입 날름

"언젠가 우리가 같은 별을 바라본다면"의
차인표도 한 입
제주에 간 애들
동문시장에서 실어보낸 말차 빙수도 한 입

백운포 소문난 물횟집 앞
삼십 번 번호 손에 쥐니
조절능력 시험하는 폭포수로 흐르는 땀
뒤틀려 끓어오르는 한계 잃은 속아지

얼음 동동 물회는 가슴까지 씻어주네
오늘치 피서 끝

함께 채우는

오늘 하루는 무엇으로 채웠을까
흰죽도 정성 다해
쓴 감기약도 시간 맞추고
우울도 몇 방울 덧대고

잠들기 전 한 컵의 물로 너 먼저 나 먼저
멋적은 웃음은 찬란한 아침 해를 꿈꾼다

둘이
같이
어쩌자고

감기도 함께하는 그대와 나
무엇으로 채운들

놀멍, 쉬멍, 먹으멍, 걸으멍

애월바다의 일몰에 젖어
놀멍
쉬멍

먹거리 두두룩함에
손의 물 톡톡 튀네

이대로 한 달 살기로
먹으멍 걸으멍

공기 좋고 산수 좋은
근심 걱정은 내 몫 아닌

놀멍, 쉬멍, 먹으멍, 걸으멍
제주 열바퀴

둘 아닌 혼자 즐기는 날

꽃진 자리
해 오른지 얼마 지나지 않은 이른 시간
바람이 융단을 가장자리로 재배치 해놓은
봉수대를 뒤로한 산등성이엔
해운대와 광안대교가 눈 아래다

어제는 온통 팦콘 터지듯 요란하더니
지각생에게 안겨오는 꽃진자리 종은 울리고
새 잎 돋는 신선함은 선물이다
즐김을 달리하면
바람 이는 이 곳은 오롯이 내 몫이다

밀폐된 공간이 주는 아늑함
볼륨을 세게 더 크게 높인들
찢어질 귀는 둘이 아니다
취할 수 밖에
취하지 않고 이 봄을 보낼 수는 없지

그 속으로
내 속으로
둘이 아닌 혼자서

오늘이 그날이네요

중천의 해 졸음조는 아침나절
한 방 먹인 카톡문자

물비늘로 일깨우는
세월호의 빗방울
오늘이 그날

잠시나마 머리 숙여서
그때를 기린다
억장 막히는 그 날을

해설

일상의 변주를 통한 현실 인식

강 영 환
(시인)

해설

일상의 변주를 통한 현실 인식

강 영 환

　시는 시인이 내면에 쌓아온 정조를 표출해낸 글이다. 정조는 정서와 생각이다. 정서는 시인이 갖는 느낌으로 오감에 의해 획득 되어진 세상에 대한 반응 태도이다. 시인이 토로해 놓은 정조를 독자들은 같은 방법으로 느끼고 공감한다. 시인과 같은 느낌과 생각을 갖게 되는 것이다. 그럼으로써 독자 자신이 경험해 보지 못한 다른 세계를 경험해 보는 일이다. 인간은 낯선 것에 대한 욕망을 지녔다. 욕망은 환유의 구조로 이해한다고 말하는 이는 프랑스 철학자이면서 정신분석학자 라깡이다. 그의 욕망이론에 의하면 인간은 내부에 없는 것을 외부로부터 찾으려고 하는 욕망을 지녔다고 한다. 욕망은 대상을 갈구하게 되고 대상은 물러나게 마련이다. 대상은 눈에 보이는 실재가 아니고 상상 속에 존재한다. 그러기에 인간은 끝없는 욕망을 펼쳐나간다. 대상을 규정할 수 있다고 믿는 것은 상징이다. 시인은 상징을 통하여 시 속에다 대상을 규정한다. 대상은 알 수 없다는 것이 실재이다. 그래서 욕망은 해결될 수 없다. 끊임없이 새로운 대상을 찾아 간다. 시인이 평범한 일상에서 벗어나고 싶은 이유도 그것일 것이다. 현실은 자꾸만 멀리 달아나고 자신의 욕망을 채워지지 않고 그것이 시인이 시를 추구하는 마음이라고 느껴진다. 주체의 결핍과 욕망과 대상의 불확정성이 현실에 존재하며 시인이 끝없이 대상을 바꾸어 가며 정조를 드러 내고자하는 이유가 거기에 있다.

2009년《문학도시》와《문예운동》을 통해 등단한 남경숙 시인에게 일상은 누구에게나 그렇듯 평범한 날이거나 평범하지 않은 날이거나 둘 중 하나이다. 생활에 젖어 사는 일상인은 그 구분이 그다지 유용하지가 않다. 둘의 경계가 모호하기 때문이다. 그러나 시인은 그 경계가 분명하여 의미를 찾으려고 한다. 평범한 날은 어떤 특수한 의미를 가산하여 평범하지 않은 모습으로 바꾸어 보려 할 것이고 평범하지 않은 일상은 그 일상을 재해석하여 더 특별한 의미를 부여하려 할 것이다. 시인에게는 모든 일상이 시의 대상이 될 것이므로 평범하거나 평범하지 않음은 별로 중요하지가 않다. 그 일상이 내게 와서 어떤 의미를 갖게 되는 것인가에 촛점을 맞추어 간다. 그러기에 남경숙 시인에게 선택된 일상은 그렇지 못한 일상과의 차이는 없다고 보면 된다. 어떤 일상이든 남경숙 시인에게 주어지면 어떤 채색을 통하여 특별한 일상으로 탈바꿈되기 때문이다. 특별한 일상 중에는 이별의 아픔이 묻어나는 과거 일상을 꺼내어 현재화 하는 모습이 진솔하다. 그러기에 아픔을 담고 있는 이별이 현실과 맞닿아 보여주는 솔직함에서 높은 시적 성취를 이루고 있음을 본다.

  시계 가는 길
  따라가는 아침나절
  맛사지 가게 전화가 흔든다
  합창 연습으로 지친 걸음 내려놓은 날
  가불한 속눈썹 닿음의 시새움인가
  까만 약속
  이런 날은 비가 와서 일거야

  이수인의 "별"을 노래하며
  하얀 말이 지구를 돌고 있다
  별을 쫓아 하늘을 난다
  낮꿈은 이십여 분이다

  초파리도 웅성거리며 돈다
  간지게 매달려 운동 중이란다
  내리고 싶을 때까지

누가 회전목마를 돌렸나

낮달이 멀미하며 웃는다

—「누가 회전목마 돌렸나」 전문

 일상의 시작은 아침나절이다. 이 작품도 일상의 시작을 아침나절로 잡고 있다. 그러기에 특별한 일상이라고 보이지 않는 날임을 감지할 수 있다. 오전에 마사지 가게에서 전화가 걸려 온다. 평소 하던 합창 연습으로 지쳐 있는 몸을 쉬고 있을 때다. 그런데 그 약속을 잊고 있었다. 그 이유를 비가 오는 탓으로 돌린다. 비 오는 날은 왠지 모르게 몸이 무겁고 생각이 둔해 진다. 합창 연습곡인 이수인의 '별'을 노래하며 하얀 말이 지구를 돌고 있다. 그 목마는 별을 쫓아 간다. 그 사실은 꿈을 꾼 것이다. 돌아가는 회전 목마를 탄 초파리도 웅성거리며 함께 돈다. 초파리는 그 일을 운동 중이라고 변명한다. 내리고 싶을 때까지는 목마를 타야하는 일상의 연속성, 큰 변화 없이 이어지는 일상을 회전목마가 같은 과정을 반복하는 모습에서 벗어날 수 없는 일상임을 자각한다. 시적 화자에게는 지극히 평범한 일상이다. 그것을 평범하지 않은 일상으로 탈바꿈시키는 것은 시인의 의도적인 연출에 의해서다. 회전목마에 올라타고 운동 삼아 돌고 있는 초파리의 일상 위에 화자의 일상이 오버랩되면서 전혀 새로운 일상이 만들어지는 것이다. 남경숙 시인의 작품들에서는 이런 연출이 쉽게 발견된다는 것이 특징이다.

눈동자에 넣은 매그네틱 춤
눈 맞춘 발걸음이
동작 고르며 하나 된다
웃음은 깊게 패인 주름 다리미
환절기 감기에 편치 않은 나들이지만
안 아픈 척이다

수학 숙제하는 윤하 옆
시집 한 권을 들고 동무되고
볼펜 미끄러짐을 따르지 못하는 느린 걸음
고개드니 사각대는 모범답안
네 눈동자에 비친 내가 웃고
내 눈동자에 비친 네가 웃는다
말끔히 딱인 거울 같은
웃음볼 터진다

―「눈맞춤」 전문

아이돌 그룹이 추는 춤을 눈에 넣고 걷는 발걸음이 자신도 모르게 동작을 고르며 매그네틱과 하나가 된다. 스스로도 웃음이 절로 난다. 깊게 패인 주름살이 펴지는 느낌이다. 환절기 감기를 안고 나선 외출이어서 편치만은 않지만 아프지 않은 척을 한다. 숙제를 하는 아이 곁에서 시집 한 권을 들고 학습에 동행하지만 시 읽기는 볼펜 미끄러짐을 따르지 못하고 더디다. 아이의 모범 답안을 따라가면 아이의 눈동자에 내가 비쳐서 웃고 있고 내 눈동자에 아이가 비쳐서 웃는다. 아이와 나는 서로에게 거울 같은 존재다. 그래서 서로 마주 보고 웃는다. 환절기에 감기에 걸려 외출 하면서 매그네틱 춤을 건들거리며 나선다. 이런 일상은 특별하다. 그리고 아이가 공부하는 곁에서 동행하는 학습을 하며 서로의 모습을 확인하고 교감을 나누는 일상은 아무리 고쳐 생각해 보아도 평범한 일상은 아니다. 특별한 일상 속에서 만나는 일상의 재해석이 아주 특별해 보인다. 남경숙 시인이 갖는 포에지다.

감당 못 할 더위를 거실까지 들인 말복
삼각 속옷이 부러졌다
볼펜을 다 썼을 때 오는 날개다
다투던 히비스커스 큰 꽃잎이 가고 난 해맞이 공원
해풍에 춤추는 초록 잎이 자리를 지킨다
이제
연꽃은 끝물이고

다 어디로 갔을까

수선화는 새끼손가락 걸고 떠났지만

다 쓴 펜은 좋은 풍경 남겼을까

백스무 살 식탁을 차리며

찢어진 속옷 향해

운명교향곡 4악장이 갈채 날린다

팀파니의 피날레로

—「팀파니의 피날레」 전문

 일상과는 거리가 먼 작품이다. 감당하지 못할 더위가 거실에 들이 닥친 말복에 삼각 속옷이 부러졌다 부러진 삼각 속옷은 더위를 이기지 못한 속내다. 다 쓴 볼펜처럼 쓸모없어진 껍데기는 던져 버린다. 볼펜이 날아간다. 더위에 지친 몸을 드러낸다. 더위와 다투던 꽃잎도 가고 없는 해맞이 공원에 춤추는 초록 잎들이 꽃 대신 자리를 지킨다. 여름을 만끽하던 연꽃도 끝물이 되어 가고 그 많던 꽃들은 다 어디로들 갔을까. 수선화는 다시 오겠다고 손가락 걸고 떠났지만 다 쓴 펜이 남긴 그림은 좋은 풍경이겠지 백스무 살 식탁은 둘러앉은 이들의 나이 합이다. 그들은 더위에 굴복한 몸을 위해 운명교향곡 4악장을 갈채로 날려 보낸다. 그것은 팀파니의 피날레가 된다.

난해하다. 일상을 벗어난 곳에는 내면의 복잡한 심경이 머무른다. 내면의 그 풍경도 외부 풍경과 어우러져 일정한 의미공간을 만든다. 그 공간은 내면 솎아내기 혹은 탈출하는 속내를 가진다. 솎아내고 비워낸 그 속에는 그리움이 머문다. 그리움은 기다림이며 바깥세상을 향해 자신의 체취를 띄워 보내는 유토피아의 복숭아다.

이월 중순인데
어쩌자고 눈이 웃음이니
내일은 영하라던데
무턱대고 빛구경 나오면 어쩔꺼니
놀란 눈빛 봤지
멀리 있는 수선화에게 초대장도 쓰지 않았고
커피도 뜨겁지 않고
빵은 덜 구워졌잖아

비가 오려나보다
빗물 올려 키 크고
함께 봄맞이 하자
달팽이 걸음 힘겹구나
난 그동안 초대장 여럿 써서
산동네 물동네 알릴 거야
해맞이 공원에 수선화가 피었다고

처음인 듯

—「아직은 바닥」 전문

아직 이월 봄이 오지 않았는데 가지 끝에 눈이 웃음을 띄운다. 내일은 영하의 날씨가 온다는데, 눈은 무턱대고 빛 구경 나왔다가 얼어 죽지나 않을는지. 내가 놀라는 눈빛을 보았겠지 아직 수선화에게는 편지도 쓰지 않았고 커피도 아직 따뜻하게 데워지지 않았으며 빵도 다 구워지지 않아서 먹을 수가 없어 봄눈은 너무 일찍 와 버렸어. 곧 비가 오려나 보다. 가지 끝에 빗물 올려서 키 키우고 함께 봄맞이 가자구나. 바닥에서 가고 있는 달팽이가 힘겹기도 하고 나는 봄 초대장을 여러 통 써서 산동네, 물동네 사방에 뿌리고 해맞이 공원에도 수선화가 피었다고 그 수선화가 처음인 듯 우리 맞이하러 가자는 의미로 엮여진 작품이다. 봄이 오는 해맞이 공원의 모습을 현미경 들여다보듯 그려내고 있다. 이 시가 이루어진 에스프리는 너무 일찍 눈을 뜬 싹눈이다. 싹눈과 눈을 맞추면서부터 안쓰러운 마음으로 상대 입장이 되어 풀어 나간 봄을 기다린다는 대춘부이다. 특별한 일상을 가져다 새로운 인식을 보여 주고 있는 작품들로는 「눈맞춤」, 「누가 회전 목마를 돌렸나」, 「팀파니의 피날레」, 「굽은 다리」, 「검지와의 숨바꼭질」, 「홍단풍」, 「국화로 피어나다」, 「가을 타는 여자랍니다」, 「넌 누구니」, 「그냥 꽃이었던 그곳으로」, 「그저 웃지요」, 「엄마 시인 만들기」, 「내 안에서 피는 꽃」 등이다.

  애월 바다 일몰에 젖어
  놀멍
  쉬멍

  먹거리 두두룩함에
  손의 물 톡톡 튀네

  이대로 한 달 살기로
  먹으멍 걸으멍

  공기 좋고 산수 좋은
  근심 걱정은 내 몫 아닌

놀멍, 쉬멍, 먹으멍, 걸으멍
제주 열바퀴

—「놀멍, 쉬멍, 먹으멍, 걸으멍」 전문

이 작품은 여행을 통해 얻어진 작품이다. 시적 화자는

제주도 여행을 갔다. 소문난 애월 바다 일몰에 젖어 제주 토박이말로 놀멍, 쉬멍 시간을 보낸다. 먹거리가 두둑한 제주 여행을 하는 동안 손에 물 묻힐 일이 없다. 이런 모습으로 제주 한 달 살기를 작정한다. 그것도 먹으멍 올레길을 걸으멍 그야말로 화자에게 제주는 지상 낙원이다. 이처럼 하고 싶은대로 자신의 의지대로 살아가는 평화가 또 이 세상에 어디 있을까. 더구나 공기도 좋고 산수도 마음의 위안을 주기에 근심이나 걱정은 내 몫이 아니다. 그렇게 놀멍, 쉬멍, 먹으멍, 걸으멍 하는 제주 살이는 제주도를 열 바퀴를 다한다.

이처럼 남경숙 시인의 대부분의 작품들은 여행을 통하여 획득 되어진 일상이거나 아니면 일상에서 약간의 변모를 통하여 얻어지는 생각들을 시적 언어로 형상화 시킨 작품들이다. 그 작품들에서도 라깡이 말한 욕망이론은 여지없이 적용되고 있음을 발견한다. 여행 위에서 다른 여행을 꿈꾸는 일탈을 보게 된다.

여행가방이 운다
들떠있는 내 마음을 알기라도 하듯
천장의 소리가 신경을 곤두 세운다
아무리 둘러봐도 알 수 없다
윗층의 애긋은 믹서기가 중단되고
천정의 소리가 아니라 바닥의 소리라는 걸 알기에는

여럿이 머리를 맞대었다

  왜 울고 싶었을까
  혼자서 발버둥치며 우는 전기면도기의 난동에
  열 개의 귀가 토끼 귀가 됐던

  어이없는 일로 한바탕 웃고는
  면도를 하듯 말끔하게 발을 옮긴다

―「들뜬 가슴」 전문

  여행 가방이 운다. 가만히 내버려 둔 가방이 왜 울까. 생각해 보지 않아도 답은 뻔하다. 여행을 떠나고 싶은 주인의 마음을 알아채고 먼저 울어 보채는 것이다. 그 소리는 윗층에서 나는 소리라고 짐짓 딴짓을 피우지만 윗층 믹서기 소리가 그쳤을 때 이내 그것은 바닥에서 나는 소리임을 고백한다. 가방이 우는 뜻은 전기면도기가 켜져 혼자 소리내며 울던 그때의 기억을 떠올리며 가방도 떠나고 싶어 면도기처럼 혼자 울었던 것임을 간파하고는 전기면도기로 면도를 하듯 말끔하게 가방을 싸들고 떠난다는 시적 화자의 자기 고백이다. 어디로 따나고 싶으면 여행 가방을 두들겨 패서 울리기라도 해야 한다는 지혜를 독자들에게 안겨다 주는 작품이다. 이렇듯 일상의 모습을 다른 각도로 파악해 내는 남경숙 시인의 작품들 중에 일상을 벗어나 돌올하게 솟아 있는 작품군들이 있음을 발견한다. 「아직도 이쁜가요」, 「벽 너머로 그리운 이 있어」, 「오늘밤 저희 집에 오실레요」, 「설핏 한 생각」, 「다시 하는 연애」, 「이제야 알겠네」, 「너의 향기는 산을 흔들고」, 「마음의 숨구멍」, 「혼돈」, 「본래 나는」, 「함께 채우는」 등이 남경숙 시인의 작품에서 두드러지게 눈에 띄는 작품들이다.

천왕봉 너머 계신가요
뭉게구름으로 와 계신가요
크게 크게 더 크게 부르면
보고픈 얼굴에 닿을까요

고사리 손잡고 극장 가던 그때로
하루만 내 곁에 와 주세요
첫째 딸 아직도 이쁜가요

잊기도 했어요
그리워하기도 했어요
저기 산봉우리 구름이 당신의 옷자락인가요
하늘 맞닿은 천왕봉 위
당신이 계심을 왜 몰랐을까요

—「아직도 이쁜가요」 전문

남경숙 시인이 갖는 일상 속에는 과거 공간의 호출에 따른 특별한 일상이 내재한다. 이별의 아픔을 간직한 날은 아주 특별한 일상으로 작용한다. 시인의 내면에 각인된 아픈 공간이 되어 현실의 나를 끌어안고 있다. 당시에는 인식하지 못하고 있었던 아픔이 특별한 일상으로 인식되면서 나에게 작용하는 특별한 만남이 만들어지는 형태다.

위 작품에서 시적 화자를 이뻐해 주던 아빠가 떠나고 없다. 그래서 화자는 아빠를 찾아 나선다. 천왕봉 너머에 계신 걸로 여긴다. 천왕봉은 지리산에 있는 가장 높은 봉우리다. 자신이 살고있는 곳에서 아주 먼 곳에 있는 천왕봉을 가져 온 것은 아득히 먼 곳에 있음을 상징적으로 보여 준다. 그리고 봉우리 이름도 천왕봉이다. 말 뜻을 그대로 풀어 보면 하늘에 있는 가장 높은 봉우리 즉 천상의 세계를 말하기도 한다는 것이다. 화자와는 또 다른 세계에 존재하는 봉우리다. 화자를 떠난 아빠는 그 천왕봉 뒤에 하늘에 떠 있는 뭉게구름으로 계신다고 믿는다. 크게 소리 높여 부르면 보고 싶은 얼굴에 가닿을 수 있겠지요라고 생전의 친근한 모습으로 다가선다. 아빠는 생전에 고사리 손을 잡고 극장에 데려가던 그때처럼 곁에 와주세요. 오래도 말고 단 하루만이라도 와주세요. 생전에 늘 예쁘다고 귀여워 해 주시던 기억을 떠올려 당신의 첫째 딸은 아직도 이쁜가요 묻는다. 아직도 이쁘다고 생각하신다면 그 딸에게 한 번 와주세요. 첫째 딸은 그동안 아빠를 잊기도 했고 그리워도 했어요. 저기 산봉우리 구름이 당신의 옷자락인가요. 하늘 맞닿은 천왕봉 위에 당신이 계심을 왜 몰랐을까요. 아버지를 일찍 여읜 딸이 아버지가 그리워서 부르는 절규이며, 절절한 응석을 부리며 생전의 모습을 떠올린다.

  벽 하나를 사이에 두고도 그립다
  기침 소리가 갸륵하고 카톡 소리에도 쫑긋 귀
  불쑥 문 열고 나올 것만 같은

  날 보러 나오지 않는다
  다른 성격 만큼이나 거리가 있다
  폰으로 통화하고 문자로 숨 고르고
  목소리 직접 듣고파 문틈으로 아쉬움 달래고

  마주 보며 밥 먹고 싶다
  손잡고 산책하고 싶다

  이렇게 비까지 오는 날
  맥주잔 부딪치며 두어 시간씩 듣던 음악은

언제까지 갈무리해야 하나
고작 하루가 지났는데 일주일을 어찌할거나

오늘 밤은 그대 숨소리 들리지 않는 방에서
얼마나 더 가슴앓이해야만 하나
가슴이 파닥인다
꿈속에서 연리목이 되리

—「벽 너머로 그리운 이 있어」 전문

 이 작품도 이별이 주제다. 펜데믹 전염병으로 생이별은 벽 하나를 사이에 두고 있다. 이별하기 전에 현실에서 둘은 갸륵거리는 기침소리를 들려주면 귀를 쫑긋 세워 어딘가 아픈지 걱정이 되기도 했고 옆 방문을 불쑥 열고 나오기도 했었다. 그런데 이제는 기대만으로 그쳐야 할 뿐이다. 전염병에 감염되어 격리 되기 이전 현실에서는 틈만 나면 날 보러 자주 왔다. 그런데 이별이 가로막힌 지금은 성격이 다른 사람처럼 거리가 생겼다. 생전에는 폰으로 통화하고 문자를 주고 받으며 숨 고르고 목소리를 듣고 싶어 문틈으로 이야기를 나누곤 했었는데 지금은 아니다 그러지 못한다. 이전처럼 마주 보며 밥도 먹고 싶고 손잡고 산책도 나가고 싶다. 그러나 지금은 비까지 오는 날 그것이 어렵다. 그때는 비 오는 날에도 맥주잔 부딪히며 함께 두어 시간을 음악을 같이 듣기도 했다. 그런 일들이 떠오른다. 이런 그리움을 어떻게 갈무리해야 하나 이별을 맞은지 고작 하루 밖에 지나지 않았는데도 이렇게 그대가 그리운데 앞으로 격리 기간인 일주일은 다시 어떻게 견뎌야 하는가. 걱정이다. 오늘 밤은 그대 숨소리 들리지 않는 방에서 홀로 얼마나 더 가슴앓이를 해야만 하나 생각하니 가슴이 파닥거린다. 해결책은 꿈에서나마 그대와 한 몸이 되는 연리목이라도 될까 보다.

  남경숙 시인의 이별과 사랑에 대한 주제로 이뤄진 작품들이 진솔성을 가지며 독자들의 감성에 직접적으로 호소하는 장점을 지녔다. 진솔함이야밀로 작품이 가진 힘의 원천임을 직접 보여주고 있다. 앞으로 남경숙 시인의 작품이 가야할 방향 같은 것을 암시하는 모습이 아닐까 생각해 본다. 일상적으로 쉽게 만나는 여행시 보다는 인간의 삶에서 만나는 사랑과 이별의 모습은 세계 인류의 공통의 주제이리라. 남경숙 시인의 세 번째 시집 상재를 축하한다.